DESARROLLO ESPIRITUAL

TRES CONFERENCIAS

SWAMI ABHEDANANDA

Traducción de
Marcela Allen Herrera

WISDOM COLLECTION
PUBLISHING HOUSE

Copyright © 2019 por **Marcela Allen**

Todos los derechos reservados. No se permite la reproducción total o parcial de esta obra, ni su incorporación a un sistema informático, ni su transmisión en cualquier forma o por cualquier medio (electrónico, mecánico, fotocopia, grabación u otros) sin autorización previa y por escrito de los titulares del copyright. La infracción de dichos derechos puede constituir un delito contra la propiedad intelectual..

Wisdom Collection LLC
McKinney, Texas/75070

www.wisdomcollection.com

Desarrollo Espiritual -- ed.revisada.
ISBN: 978-1-63934-038-5

La siguiente edición contiene tres conferencias realizadas por Swami Abhedananada (discípulo directo de Ramakrishna Paramahansa) y publicadas en el año 1901 por Vedanta Society.

Para más títulos, visita nuestro sitio web:

www.wisdomcollection.com

CONTENIDOS

AUTOCONTROL 1

CONCENTRACIÓN Y MEDITACIÓN 20

CONCIENCIA DE DIOS 42

I

AUTOCONTROL

Uno mismo es su propio refugio, ¡qué otro refugio podría haber!

Es mejor conquistarse a uno mismo que conquistar a los demás; ni siquiera un dios podría deshacer la victoria de un hombre que se ha vencido a sí mismo y siempre vive bajo control.

—Dhammapada.

Toda religión puede dividirse en dos partes, una de las cuales puede llamarse lo esencial y la otra lo no-esencial. Las doctrinas, los dogmas, los rituales, las ceremonias y la mitología de todos los credos religiosos organizados entran en la categoría de lo no esencial. Esto no significa que sean inútiles, al contrario, el hecho mismo de su existencia prueba que son útiles y necesarios en ciertas etapas del progreso. Lo que quiero decir es que no significa que sean absolutamente necesarios para llevar una vida puramente espiritual. Un hombre o una mujer puede ser altamente espiritual sin realizar ninguno de los rituales y ceremonias ordenados, ya sea por las escrituras del mundo o por cualquier jerarquía religiosa. Un hombre o una mujer pueden ser verdaderamente religiosos sin creer en ningún credo, doctrina, dogma o ideología. Aquellos que piensan que estos elementos no esenciales son indispensables para alcanzar el objetivo último de la religión, no han comprendido aún los principios fundamentales que subyacen en todas las religiones; confunden lo no esencial con lo esencial; no pueden distinguir lo uno de lo otro; carecen de la percepción de la iluminación espiritual. Los que comprenden lo esencial de la religión y lo siguen estrictamente en su vida cotidiana no se preocupan por lo no-esencial; solo estas almas sencillas y sinceras alcanzan la meta de la religión por el camino más corto posible.

Los elementos esenciales de la religión son principalmente dos: El autoconocimiento y el autocontrol. El autoconocimiento significa el conocimiento del Ser Superior, la naturaleza divina del ser humano; y el autocontrol es la restricción del ser inferior o la naturaleza egoísta. El verdadero conocimiento del Ser divino viene cuando se domina el ser inferior. En la antigüedad, los filósofos griegos entendían estos dos elementos como lo esencial de la religión, por lo tanto, en la entrada del templo de

Delfos estaba claramente grabada la frase: "Conócete a ti mismo". Heráclito, el antiguo filósofo griego, interpretó este lema diciendo: "Es responsabilidad de todos los hombres conocerse a sí mismos y ejercitar el autocontrol".

En la India, los antiguos videntes de la verdad comprendieron tan bien la parte esencial de la religión que se esforzaron por mantenerla separada de la parte no esencial de la religión popular de las masas. El resultado de tales intentos fue el descubrimiento del sistema yoga. El sistema yoga se ocupa por completo de lo esencial de la religión; no enseña ningún dogma, credo, ritual, ceremonia o mitología. Su objetivo principal es enseñar a la humanidad los diferentes métodos para alcanzar el conocimiento del verdadero Ser, y la práctica del autocontrol. Un verdadero yogui es aquel que tiene un perfecto control sobre sí mismo y que ha adquirido el autoconocimiento.

Un verdadero yogui es aquel que tiene un perfecto control sobre sí mismo y quien ha adquirido el autoconocimiento. La ciencia del yoga explica qué es el autocontrol, cómo puede adquirirse y cuál es la naturaleza del autoconocimiento. Por lo tanto, un yogui alcanza el objetivo último de la religión y la perfección espiritual sin malgastar su energía en la práctica de lo no esencial.

Los elementos no esenciales de la religión son como un enorme montón de cáscaras, bajo las cuales se esconde el núcleo de la verdad esencial.

Dondequiera que haya demasiados elementos no esenciales, prevalecerá la corrupción religiosa, la superstición y la falsa teología, cuyo objetivo principal es convencer a las masas ignorantes que todos quienes desean ser religiosos deben observar un gran número de dogmas, doctrinas, ceremonias y rituales no-esenciales.

Pero la ciencia del yoga, al estar libre de dogmas, ceremonias y rituales, no sufre de corrupción ni de superstición, tampoco necesita ninguna teología. Es pura y sencilla. Acoge en su seno a todas las almas sinceras y serias que buscan la verdad superior y la vida espiritual, y trata de hacerlas espirituales dándoles lo esencial de la religión como su ideal más elevado. Les enseña el método por el que se puede adquirir el autocontrol y el conocimiento del Ser Supremo.

El autocontrol significa el control del ser inferior o de la naturaleza animal del ser humano, desarrollando los poderes superiores que están latentes en el alma individual. Habiendo ascendido los grados de evolución desde los animales inferiores, el ser humano vive al principio en el plano animal; luego, a medida que se eleva cada vez más, los poderes latentes del alma comienzan a manifestarse gradualmente y a superar sus tendencias animales.

El autocontrol no se manifiesta en el carácter de ninguna persona que obedezca ignorantemente los dictados de los sentidos y sirva ciegamente a los

AUTOCONTROL

maestros internos de la pasión, la ira, la codicia, el autoengaño, el orgullo y el egoísmo. Aquellos que pueden controlarse a sí mismos, o frenar la loca carrera de la mente hacia los objetos de los sentidos, y que dejan de obedecer a esos impulsos animales que se interponen como feroces enemigos en el camino del progreso espiritual, disfrutan de una paz imperturbable mientras viven, alcanzando así la meta más elevada de la libertad. Pero aquellos que son constantemente guiados por repentinas oleadas de pasión, ira, orgullo, celos y odio están siempre perturbados en sus mentes, están inquietos e infelices. ¿Cómo pueden esperar la felicidad las personas que son esclavas de sus sentidos? La felicidad llega en el estado de libertad perfecta, y no en el de esclavitud; esa libertad solo puede adquirirse a través de la práctica del autocontrol; por lo tanto, quienes deseen disfrutar de una felicidad y una paz mental ilimitadas en esta tierra deben luchar por la libertad aprendiendo a practicar el autocontrol.

El logro del autocontrol es fácil para quienes han aprendido a estudiar sus propias mentes y que, después de descubrir sus debilidades, intentan reformar su propio carácter. Al igual que los animales inferiores, la tendencia natural del ser humano es buscar placer y evitar el dolor. Mientras la persona viva en la oscuridad de la ignorancia y no pueda rastrear las causas que la hacen feliz o infeliz, mientras no comprenda si la felicidad y el placer provienen de los objetos externos o del interior, no podrá ser dueña de sí misma. El correcto discernimiento de las condiciones que le hacen feliz o infeliz es la guía más segura en el camino que conduce al logro del autocontrol.

Ahora, examinemos las condiciones actuales de nuestra mente. Se siente naturalmente atraída por los objetos que son agradables a los sentidos, o que ayudan a cumplir los propósitos y deseos que son extremadamente fuertes en nosotros. La mayoría de la humanidad está apegada a los objetos que dan placer, tanto sensorial como mental. Nunca se apegan a nada ni a nadie donde no encuentren placer. Del mismo modo, se puede observar que la tendencia natural de la mente es también alejarse del dolor. Los ojos se complacen al mirar el bello color que los atrae, los oídos se complacen al escuchar palabras dulces, notas melodiosas y buena música. Nos gusta oler la dulce fragancia y saborear las cosas agradables al paladar. Sin embargo, lo que es agradable a los sentidos de uno, puede ser desagradable para otro: un chino disfruta de la música china, pero puede ser molesta para nuestros oídos. Del mismo modo, la música que es placentera para nuestros oídos, no da placer a un chino. La música occidental parece como aullidos y gritos para muchos oídos orientales que no están habituados a ella. Muchas personas disfrutan de los sabores curiosos y muy condimentados, a otros les disgusta. Algunas personas disfrutan de la sensación de ardor en la lengua y la garganta producida por el pimiento, mientras que otros sienten dolor con ello y lo evitan. El mismo color, el mismo sonido o el mismo sabor que es agradable para uno, puede ser una fuente de intensa incomodidad para otro. Esto demuestra que el placer y el dolor no son propiedades inherentes a los objetos de los sentidos, sino que dependen de las condiciones de la mente y el cuerpo que entran en contacto directo con esos objetos.

La mente tiene un tremendo poder sobre el cuerpo; si una determinada idea se apodera de la mente, afecta al cuerpo y produce los cambios correspondientes en todo el sistema. La misma mente que encontró placer en una cosa determinada, en un momento dado, le desagrada la visión de esa cosa si se apodera de nuevas ideas. Por ejemplo, la carne animal da placer a un consumidor de carne mientras piense que es el tipo de alimento correcto, pero cuando los principios más nobles de la dieta vegetariana aparecen en su mente y lo convierten en vegetariano, el mismo olor de la carne le resultará desagradable y puede hacerle sentir mal; su estómago se negará a digerir la carne animal e incluso puede convertirse en una causa de dolor y enfermedad para él. Por lo tanto, se puede decir que no hay nada en el universo de lo cual todos los individuos puedan obtener absoluto placer o absoluto dolor, o que incluso pueda complacer al mismo individuo todo el tiempo. Los que buscan el placer de los objetos de los sentidos no pueden apegarse a un disfrute en particular todo el tiempo. Si intentan disfrutar de lo mismo día tras día, pronto se cansarán de ello; la saciedad es el resultado inevitable y con ello viene la pérdida de interés. Supongamos que una persona aficionada a la ópera escucha constantemente la misma ópera día y noche, sin escuchar ni hacer nada más, seguramente se cansaría de ella en unos pocos días. El constante cambio de los objetos de placer es absolutamente necesario para aquellas personas que buscan placer en el mundo externo. Es por esta razón que muchas personas, que son demasiado pobres para permitirse una gran variedad de placeres, se engañan pensando que la riqueza les daría todo lo que desean, y envidian a los que poseen grandes fortunas, creyendo tontamente que los ricos deben ser siempre felices. De esta manera, a menudo no logran disfrutar de los placeres que están a su alcance, convirtiendo así su vida en una carga. No comprenden que la riqueza tiene sus propias pruebas y que, a menudo, son solo un poco más soportables que los males de la pobreza. La verdad es que la verdadera felicidad solo puede pertenecer a quien puede controlar su mente. La práctica del autocontrol sería una gran bendición para todas esas personas infelices; haría que sus vidas fueran más felices y que merecieran ser vividas.

    Antes de poder controlar la tendencia natural de la mente a buscar placer en los objetos externos, debemos saber que el sentimiento de placer depende del sentimiento de dolor. Si no tenemos ningún sentimiento de dolor, no podemos disfrutar de un sentimiento placentero. El placer solo es placer cuando está en relación con el sentimiento de dolor. Cada vez que comparamos una sensación o sentimiento con otro, encontramos que uno es más agradable que el otro; el menos agradable es comúnmente llamado doloroso. La tendencia de nuestra mente es buscar objetos que sean más agradables que los que ya poseemos o disfrutamos, y en el momento en que encontramos una cosa que pensamos que produciría una sensación más agradable que las cosas que ahora tenemos, ansiamos poseerla. Si después de haber satisfecho el deseo, descubrimos que el segundo no es mejor que el primero, seguimos tan insatisfechos como antes, e incluso podemos desear volver a la condición anterior. Por consiguiente, podemos comprender que, aunque el placer y el dolor puedan surgir en diferentes individuos a partir de su contacto con los mismos objetos de los sentidos, la tendencia natural de la mente es buscar el placer y evitar el dolor. Nos apegamos a los objetos de los que obtenemos placer, pero en el momento en que éstos dejan de producirnos gratificación, nos volvemos indiferentes a las mismas cosas que tanto deseábamos; a veces llegamos a odiarlas y deseamos alejarnos de ellas.

Nuestra mente busca constantemente nuevos objetos de placer a través de las puertas de los sentidos, y se adhiere a cada nuevo objeto que promete proporcionarnos una sensación o un sentimiento agradable. Mientras dura este apego, la mente se vuelve esclava de él. Si algo se interpone en el camino e impide que la mente disfrute de un determinado placer, la mente intenta superar el obstáculo. Cuanto más fuerte sea el poder opuesto, mayor será la lucha mental para dominarlo. Si el deseo es muy fuerte y no conseguimos satisfacerlo por medios comunes, a menudo nos enfurecemos y adoptamos medidas más violentas, perdiendo así toda posibilidad de un estado mental pacífico.

Ese simple deseo de disfrute toma la forma de una pasión dominante, agita toda la mente y se manifiesta en forma de ira e inquietud. En ese estado agitado de la mente, perdemos el sentido del bien y del mal, la memoria se entorpece, el entendimiento se confunde, perdemos la percepción y actuamos como brutos. La pasión es la forma más fuerte de deseo; el mismo deseo fuerte, cuando actúa bajo oposición, toma la forma de ira. El deseo es la primera etapa, la pasión es la segunda etapa y la tercera etapa es la ira.

La pasión y la ira, a su vez, conducen al odio, a los celos y a muchos otros malos sentimientos que se expresan externamente en forma de actos viciosos. La persona que puede controlar su mente para que no se vea perturbada por la pasión y la ira ha obtenido el autocontrol. El control de las pasiones y la ira se consigue cuando la mente no busca el placer en los objetos externos, sino que aprende por experiencia que el placer que puede obtenerse a través de los sentidos es muy transitorio; solo dura unos segundos, y su verdadera fuente no está en el objeto mismo, sino que depende sobre todo de las condiciones mentales y físicas del que lo disfruta.

Hemos visto que la pasión y la ira son la segunda y tercera etapas del deseo; de acuerdo con los yoguis, estos deseos permanecen en el plano subconsciente de nuestra mente. Aquí surge una pregunta: ¿Cuál es la causa de estos deseos? Los yoguis, al tratar de averiguar la causa de los deseos, señalan que éstos son el resultado de las impresiones latentes en nuestras mentes, o del estado despierto de estas impresiones. Además, dicen que, cuando disfrutamos de cualquier objeto externo a través de nuestros sentidos, nuestras mentes son impresionadas con ciertos cambios que se producen mientras estamos en contacto directo con ese objeto. Cuando comemos una manzana, la impresión de su gusto queda en la mente. Cuando escuchamos una nota musical, una impresión de la nota, agradable o desagradable, permanece en la mente. Del mismo modo, todas las impresiones que los objetos externos dejan en la mente, permanecerán allí en forma de semilla, o estado latente, por la ley de la fuerza de la persistencia. Ninguna de ellas se perderá; todo lo que hemos disfrutado o sufrido en nuestra vida se almacena en esa forma de semilla, o en forma de impresiones latentes. Estas impresiones latentes son las causas de nuestros deseos.

Algunos de los psicólogos occidentales han apoyado esta teoría de los yoguis. El profesor Beneke, en su escrito "Psicología Elemental", señala:

Lo que alguna vez ha sido producido en el alma, sigue existiendo, incluso cuando ha dejado de ser estimulado. Lo que era consciente se convierte simplemente en inconsciente, o vive en la sustancia interna del alma.

Sir William Hamilton admite la existencia de las impresiones latentes cuando dice: "El conjunto del que somos conscientes se construye a partir de lo que no somos conscientes". Él explica la actividad psíquica del plano subconsciente comparando la cadena de impresiones o pensamientos con una hilera de bolas de billar, de las cuales, si se golpea en un extremo, solamente se mueve la última, pues la vibración solo se transmite a través del resto. Pero un yogui dice que estas impresiones latentes son las semillas o la causa real de los deseos.

Supongamos que la sustancia mental es como un mar, que la superficie es el plano consciente y que las impresiones latentes se encuentran en lo más profundo de la superficie. Aquí debemos recordar que todo lo que permanece en estado latente está destinado a manifestarse cuando las condiciones se vuelven favorables. Cuando las impresiones latentes comienzan a manifestarse, forzadas por su naturaleza interna, puede decirse que se elevan lentamente desde el fondo del mar de la mente en forma de diminutas burbujas. Podemos llamar a estas burbujas el estado sutil del deseo o la impresión despierta. Luego se eleva gradualmente a la superficie y aparece cada vez con mayor tamaño. Llamemos a este estado de burbuja de la impresión despierta, deseo; entonces, la burbuja del deseo, después de jugar en la superficie del mar mental durante algún tiempo, estalla allí y toma la forma de una ola, agitando todo el mar mental y transformándolo en una masa de impulso. La mente se vuelve inquieta, la paz se ve perturbada, el poder de discriminación se entorpece, no sabemos si se producirán resultados buenos o malos si cedemos al impulso que nos empuja; nos vemos forzosamente conducidos de cabeza hacia el objeto del deseo, sea éste mental (como la ambición, el orgullo, etc.) o simplemente sensorial. De hecho, como nuestro poder de control ha sido superado por esa ola de deseo, ya no podemos llamarlo deseo. Adopta temporalmente la forma de una pasión dominante, o de un fuerte impulso. Ese tremendo impulso controla nuestros nervios, músculos y todo el cuerpo; luchamos para gratificar este anhelo, solo para descubrir, cuando hemos alcanzado el objeto y gratificado el anhelo, que la satisfacción no es más que breve. La tempestad que ha destrozado nuestro autocontrol disminuye gradualmente y el deseo particular que lo ha provocado vuelve de nuevo a su estado dormido; entonces se recupera una paz mental temporal y seguimos siendo felices durante un tiempo.

Mientras tanto, otra impresión latente se prepara para aparecer en forma de burbuja. Lentamente se eleva desde el subconsciente al plano consciente y se repite el mismo proceso. Esta serie siempre recurrente de deseos y su gratificación temporal constituye la vida cotidiana de todas las personas que no han aprendido a controlar su mente. Cuando se ha alcanzado esta fugaz paz mental, o la llamada felicidad, el deseo se apacigua en un estado latente durante un período ya sea breve o prolongado. Este proceso se produce continuamente en cada mente, en cada momento. Supongamos que una persona es invitada a una cena donde prueba algo delicioso que nunca antes había probado y le gusta mucho. ¿Crees que la impresión de ese sabor se perderá en cuanto termine la cena? Por supuesto que no; permanecerá en la mente y engendrará un deseo por la misma cosa de nuevo, la memoria recordará esa impresión y se convertirá en la causa de un nuevo deseo. De este modo, se puede demostrar que cada nueva impresión es la causa o semilla de un nuevo deseo.

Cuando una persona empieza a beber un licor embriagador, experimenta una sensación peculiar; le quita el aburrimiento, le anima, exalta su sistema nervioso y le hace sentirse feliz por el momento. Después que el efecto del estimulante ha terminado, queda en su mente la impresión de la agradable sensación que produjo; durante algún tiempo permanece latente y luego se eleva en forma de un deseo, o burbuja, hacia la superficie de su mar mental. Al subir a la superficie, estalla y produce una ola o impulso, que intensifica el deseo y le lleva a beber nuevamente. El nuevo regocijo crea otra impresión, que se estampa sobre la anterior, y el proceso continúa con mayor frecuencia. Cada vez que se cede el paso al deseo, la antigua impresión se profundiza, hasta que la serie de impresiones almacenadas se vuelven tan fuertes que forman parte de su naturaleza y se convierte en lo que llamamos hábito. Procesos similares han producido toda la variedad de hábitos, buenos y malos, que encontramos en diferentes personas, en diferentes países. Un proceso análogo produce lo que llamamos el instinto en los animales inferiores.

Las impresiones almacenadas de una vida no se pierden por la muerte del cuerpo, sino que permanecerán latentes durante algún tiempo y se convertirán en las causas de futuros deseos en otra vida. Cada uno de nosotros nace con las impresiones almacenadas en su nacimiento anterior, que reaparecen en forma de diversas tendencias, deseos y hábitos. Esta es la explicación de las grandes variaciones que vemos en los miembros de una misma familia, de las que la herencia, o incluso la herencia más el entorno, no pueden justificar.

A medida que aumenta el número de impresiones, también aumentan los deseos, como ya se ha dicho. Si dejamos que los deseos se eleven y jueguen en nuestras mentes, ellos tomarán la forma de pasión y de ira, perturbarán la paz mental, crearán nuevas impresiones y éstas, a su vez, serán la causa de nuevos deseos. Por lo tanto, no hay posibilidad de controlar la mente mediante la simple gratificación de los deseos. No hay posibilidad de saciar el deseo de disfrutar consiguiendo los objetos de los placeres; esto es simplemente echar leña al fuego, o aceite a las llamas. Cuanto más disfrutemos, más aumentarán los deseos. Las personas insensatas, que nunca han analizado su mente, satisfacen sus deseos y buscan el placer en los objetos externos. Nadie ha logrado alcanzar el autocontrol siendo un esclavo de los deseos, ni nadie se ha liberado de los deseos, gratificándolos. Por eso, el yogui dice:

> Así como el fuego no se apaga con mantequilla, tampoco el fuego del deseo se apagará nunca con los objetos de placer. Mientras más mantequilla se vierta en el fuego, más arderá. Del mismo modo, cuanto más se satisfagan los objetos de deseo, más aumentarán los deseos. Si una persona poseyera todos los objetos de esta tierra, aun así, no se detendría su codicia, sino que buscaría algo más.

¿Crees que alguien que trabaja arduamente para convertirse en millonario, alguna vez estará satisfecho con sus posesiones y dejará de adquirir más? Seguirá buscando aumentarlas mientras viva. Un pobre desea ser rico, un rico desea ser millonario, un millonario desea ser multimillonario, y así sucesivamente; ¿Dónde hay algún descanso? ¿Dónde está la felicidad? ¿Cuándo cesará su sed por las posesiones o el placer? ¿Conseguirá alguna vez controlar su mente? Tal vez no en esta vida. La sed de placer es la verdadera enfermedad en nosotros, sus diversos síntomas son las pasiones, la ambición, el orgullo, el odio, los celos, la ira, etc. Se requiere una tremenda fuerza mental y fuerza de voluntad para evitar que la mente inquieta adopte las formas de oleadas de pasión e ira. La permanente intranquilidad de la mente de una persona común, que es esclava de sus deseos y pasiones, ha sido bellamente descrita por un yogui; el poeta no pudo encontrar una mejor ilustración que compararla con un mono, que es inquieto por naturaleza; pero el sabio pensó que no era suficiente, así que agregó, un mono borracho que fue picado por un escorpión. Cuando alguien es picado por un escorpión, salta de un lugar a otro durante casi dos días, así que puedes imaginar la inquietud de ese pobre mono; aun así, el poeta encontró que le faltaba algo al símil, así que lo completó diciendo: "Al final, el mono fue poseído por un demonio". ¿Existe alguna expresión con la que podamos describir el miserable estado de ese pobre mono? Tal es el estado habitual de nuestra mente. Naturalmente está inquieta, pero lo está aún más cuando bebe el vino de la ambición, y aún más cuando la pica el escorpión de los celos; pero el clímax se alcanza cuando el demonio del orgullo entra en la mente y se apodera de ella. En tal caso, ¡qué difícil es controlar la mente! Conquistar la mente es más difícil que conquistar el mundo entero.

Es el mayor héroe y el verdadero conquistador del mundo quien ha conquistado su propia mente. "El que gobierna su espíritu es más grande que el que toma una ciudad". Un yogui dice: "Si un hombre en la batalla vence a mil hombres mil veces, y otro se vence a sí mismo, éste último es el más grande de los vencedores". Por eso, debemos prestar especial atención al estudio de la mente; debemos aprender a analizar su naturaleza y vigilar constantemente sus diversas modificaciones, intentando desarrollar y fortalecer la fuerza de voluntad.

Un yogui desarrolla su fuerza de voluntad mediante la práctica diaria; despierta los poderes superiores y sigue luchando contra sus más grandes enemigos con firmeza y determinación hasta que logra su fin. El perfecto autocontrol de un yogui es ese estado mental donde no hay deseos ni pasiones de ningún tipo perturbando la paz y la tranquilidad de su alma. Tal estado puede ser adquirido más fácilmente eliminando las burbujas de los deseos antes de que tomen la forma de ola de las pasiones, es decir, atacándolas mientras están en su estado débil. Esto puede hacerse discerniendo correctamente la naturaleza del deseo o comparando el placer transitorio que resulta de nuestro contacto con los objetos de los sentidos, con la mente serena y pacífica que no es perturbada por los deseos o las pasiones. También debemos recordar que el ideal más elevado de nuestra vida no es el placer de los sentidos, ni la esclavitud a los deseos y las pasiones, sino el logro del dominio del ser inferior y la manifestación del Ser Supremo. Hay otra forma de obtener el autocontrol, a través de la concentración y la meditación. Concentra tu mente en el Ser Supremo y no dejes que te perturbe ningún otro pensamiento o deseo en ese momento. Aquellos quienes han leído la "Luz de Asia" recordarán que, cuando Buda se sentó a meditar bajo el árbol de Bodhi, todas las impresiones latentes comenzaron a surgir en su mente. Se les describe como los asistentes de Mara, el pensamiento maligno personificado. Pero Buda dijo: "Es mejor morir en el campo de batalla mientras luchas con el enemigo, que ser derrotado y obligado a vivir como un esclavo, buscando pequeños placeres sensoriales". Con esa firme determinación Buda se convirtió en amo de sí mismo; cualquiera que muestre una similar determinación de propósito y fuerza de carácter, sin duda, alcanzará un perfecto autocontrol. Solo quienes han adquirido el autocontrol disfrutan de la paz y la felicidad eternas en esta vida, y alcanzan la meta de todas las religiones, el conocimiento del Ser Divino.

II

CONCENTRACIÓN Y MEDITACIÓN

La vida espiritual de un hombre o una mujer depende del sometimiento de los sentidos, del control de las pasiones y de la manifestación de los poderes divinos que están latentes en cada alma individual. Tal vida espiritual puede ser alcanzada por diferentes métodos. Cada uno de estos métodos es denominado en sánscrito "Yoga". El método o el camino de la concentración y la meditación es conocido como el "método real" o raja-yoga, en Sánscrito. Es el camino real que conduce a la realización de la verdad. La palabra raja-yoga es una palabra compuesta; raja significa rey, y yoga método de concentración. El método de la concentración es descrito como el rey de todos los demás métodos, porque no se puede lograr nada sin concentración. No hay ningún poder en el universo más elevado que el que se obtiene mediante la concentración. El poder adquirido por su práctica puede controlar todas las fuerzas físicas de la naturaleza. Un raja-yogui dice que dondequiera que concentre sus pensamientos, en ese lugar, por sí mismo y por su propia conciencia, controlará los fenómenos. Raja-yoga enseña que la mente es el poder soberano en el universo. Los sanadores por la fe, los sanadores mentales, los científicos cristianos de hoy en día, han apreciado solo una centésima parte de los poderes mentales que un yogui en la India afirma poseer.

Cuando los poderes mentales son debidamente guiados y dirigidos hacia cualquier objeto externo, se revela la verdadera naturaleza de ese objeto, y el resultado es el descubrimiento de las leyes físicas que rigen el mundo de los fenómenos. Los poderes de la mente se dispersan como los rayos de una luz eléctrica que ilumina los objetos alrededor. Se puede hacer que una luz eléctrica que ilumina los objetos dentro de un círculo muy limitado, ilumine los objetos distantes, si conocemos el arte de reunir sus rayos en un haz y podemos lanzar ese flujo de rayos convergentes sobre cualquier objeto a una distancia considerable, como se hace con linterna reflectora. Podemos comparar la mente concentrada de un yogui con una linterna mental. Hay tanta diferencia entre la mente dispersa de un individuo común y la mente concentrada de un yogui, como entre la luz de una lámpara común y la de un foco-reflector extremadamente potente. Un yogui puede lanzar la linterna de su mente sobre los objetos más diminutos a cualquier distancia en el reino de lo invisible y lo desconocido, y puede aprender con gran facilidad todo lo relacionado con esos objetos. Cuando la misma mente concentrada de un yogui se dirige hacia el mundo interior, ilumina las cosas más sutiles relacionadas con su naturaleza interna y desvela las leyes superiores que rigen su naturaleza espiritual.

Cada individuo posee el poder de concentración, en mayor o menor grado, y lo utiliza en su vida diaria, ya sea consciente o inconscientemente. La concentración en su forma más simple, se conoce con el nombre de atención. Si no prestamos atención al objeto que vemos, oímos o percibimos, no podemos comprender la naturaleza de ese objeto. Si cuando leemos un libro nuestra atención se desvía hacia otra cosa, nuestros ojos pueden leer las letras automáticamente sin captar el significado o el sentido del tema. Cuando alguien te habla, si no estás atento, las palabras pronunciadas entrarán en tus oídos; las vibraciones del aire llevadas por los nervios auditivos a los centros cerebrales producirán cambios moleculares en las células de esos centros; se cumplirán todas las condiciones fisiológicas necesarias para la percepción de un sonido, pero aun así, por falta de atención, no lo escucharás. Cuando asistes a una conferencia, si tu atención se fija en algo que es más interesante, no podrás entender lo que se está hablando; de hecho, ni siquiera escucharás una sola palabra de lo que se dice. Del mismo modo, en todos los casos de percepción de los objetos sensoriales te darás cuenta de que, si no hay atención detrás, realmente no percibes nada en absoluto.

El poder de la atención no es del todo una facultad adquirida, sino que es en gran medida un don de la naturaleza. Muchos nacen con este poder ampliamente desarrollado, no obstante, dondequiera que se manifieste la mente, encontramos más o menos expresión de este poder de atención. Es una consecuencia espontánea de la naturaleza de nuestra mente.

El poder de la atención concentrada se manifiesta tanto en los animales inferiores como en el ser humano. Solo varía en el grado de intensidad, pero no en el tipo. Todos los animales dirigen primero su atención a la búsqueda de alimento. Un buitre fija su atención en el objeto de su presa, lo mira desde una gran distancia, luego se deja caer sobre él y lo atrapa. Cuando un gato atrapa un ratón o un tigre cae sobre su presa, primero fija su atención, controla sus sentidos para que no se distraigan, reúne las fuerzas dispersas de su mente y su cuerpo, y finalmente consigue satisfacer sus deseos. En ese momento su atención está tan concentrada, que apenas se da cuenta de otra cosa que no sea el objeto a la vista. Los cazadores conocen tan bien este hecho, que lo aprovechan cuando salen a cazar animales salvajes. Un gran yogui en la India, observó una vez que una grulla permanecía inmóvil en la orilla de un arroyo con su atención tan profundamente centrada en un pez que no se fijaba en el cazador que iba a dispararle. El Yogui quedó tan asombrado que exclamó:

¡Oh grulla! Tú eres mi maestro en la concentración. Seguiré tu ejemplo cuando practique la concentración.

En todas las bestias de presa, la necesidad de esta atención concentrada queda bien ilustrada por la forma en que obtienen su alimento. Si su atención se desvía por un ruido repentino u otra interrupción, es probable que se les escape su presa. Hay muchos ejemplos del poder de atención espontánea que poseen los animales inferiores. En estos casos, las facultades mentales se centran en un foco y se dirigen a un objeto. Todos los sentidos están alerta y bajo completo control, toda la actividad física converge hacia un punto y, por el momento, se detiene el movimiento del cuerpo. La experiencia ha enseñado al animal la necesidad de esta forma de actuar.

Cuando los rayos divergentes de la energía mental que mueven todo el sistema en diferentes direcciones se centran en un foco, y cuando la energía concentrada es conducida a través de un canal, fortalece la mente. Esa fuerza mental se expresa a veces como fuerza física o muscular. En nuestra vida cotidiana encontramos la expresión del mismo poder de atención espontánea. Solo el trabajador que es capaz de fijar su mente en su trabajo puede darle una atención inteligente, puede elevarse por encima de ser un simple autómata. Un maquinista no puede conducir un carro eléctrico si no tiene toda su atención puesta en su trabajo. Este hecho se entiende perfectamente, como lo demuestra la regla de que, para evitar distracciones, los conductores de los tranvías no pueden hablar con los pasajeros. El jinete que permite que su entorno absorba demasiada atención está expuesto a sufrir una caída repentina. El exitoso jugador de ajedrez, jugando quizás media docena de juegos a la vez, tiene que ejercer una maravillosa fuerza de atención concentrada. Al bailar, cantar, pintar, escribir, o en cualquier otra actividad, nadie puede dar lo mejor de sí mismo si sus facultades mentales no están debidamente concentradas en el objeto de su trabajo.

Sin utilizar el poder de la atención no podría haber ningún gran artista, escultor o filósofo; ningún matemático, científico o químico; ningún astrónomo, músico o compositor. Cuanto más se desarrolla este poder, más maravillosos son sus resultados Todos los descubrimientos en el campo de la naturaleza, las invenciones de máquinas y de otras cosas que vemos hoy en día, todos los asombrosos logros de la ciencia moderna, no son más que los resultados de ese maravilloso poder de atención concentrada exhibido por el inventor y el científico. Si un genio innato se viera repentinamente privado de este poder, actuaría como una persona corriente, pues lo que llamamos genio es en realidad un inmenso poder de concentración, de modo que todas las facultades se dedican a un objeto, lo que produce un trabajo tan notable que de inmediato consideramos a aquel que manifiesta esta maravillosa capacidad como por encima del nivel promedio de la humanidad común. Por otro lado, si un tontorrón pudiera desarrollar y manifestar este poder de atención concentrada, entonces sería considerado como uno de los genios del mundo. Tal es el poder de la concentración. Es la fuente de todo nuestro conocimiento. En pocas palabras, es la condición de nuestra vida. Sin ejercer una cierta cantidad de este poder solo podríamos vivir mientras otros nos vigilan, no podríamos evitar las constantes dificultades y peligros con los que nuestra vida está asediada por todos lados. El noventa y nueve por ciento de las enfermedades y los accidentes de nuestra vida son el resultado de la falta de atención a las leyes que rigen la vida y la salud.

Un niño, en el período más temprano de su vida, expresa el poder innato de la atención fijando su mirada en objetos brillantes o en el rostro o los ojos de su madre o enfermera. Ese simple poder de atención no desarrollado y espontáneo en un niño se desarrolla gradualmente a medida que el pequeño crece y entra en contacto con el mundo.

La atención espontánea que se expresa en los animales inferiores, en los niños y en las personas no educadas, al principio es dirigida hacia los objetos más necesarios para el sustento de la vida, como la comida, la ropa, etc. A medida que nos elevamos por encima del plano animal, mediante la cultura y la educación, el poder de la atención se manifiesta de una manera diferente. Entonces aprendemos gradualmente a dirigir nuestra atención hacia objetos que no son simplemente atractivos para los sentidos o necesarios para el sustento corporal, y podemos fijar nuestra mente en cosas que son atractivas para nuestro intelecto y nuestra naturaleza superior. Aquí comienza la atención voluntaria, o la atención bien controlada y dirigida adecuadamente por el intelecto y la voluntad. Esto conduce a la cultura intelectual de un individuo, a la consecución de la fuerza mental y a la creación de nuevas corrientes de pensamiento.

La misma atención, cuando se dirige hacia la observancia de las leyes morales y las acciones correctas que producen buenos resultados no solo para nosotros mismos sino también para nuestros compañeros en el orden social, conduce a la cultura moral de nuestras mentes. Asimismo, cuando nuestra atención voluntaria se dirige hacia nuestra naturaleza espiritual, nos hace virtuosos y religiosos, y desarrolla nuestro carácter espiritual. Finalmente, cuando se dirige en forma de meditación concentrada hacia el Espíritu Universal, o Dios, aporta la más alta sabiduría. Conduce a la liberación del alma de las ataduras de la ignorancia, el engaño y el egoísmo, y da como resultado la consecución de la Dicha absoluta, que no conoce límites. Este estado superior se llama estado de conciencia de Dios.

Por lo tanto, todo lo que ha llevado a los seres humanos a la etapa actual de civilización, cultura y avance; todo acto que produce un bien físico y los conceptos morales, intelectuales y espirituales no son sino la expresión de ese poder bien dirigido de la atención concentrada. Emerson dijo:

> La única prudencia en la vida es la concentración; el único mal es la disipación. La concentración es el secreto de la fuerza en la política, en la guerra, en el comercio, en definitiva, en toda la gestión de los asuntos humanos.

La atención espontánea, que es un don de la naturaleza, puede ser transformada, mediante un esfuerzo voluntario, en un poder de concentración superior sobre las verdades más abstractas y, por último, sobre la realidad absoluta del universo. Ese simple poder puede volverse enormemente fuerte si conocemos el secreto para controlarlo. Al igual que un jardinero, mediante una poda severa, fuerza la savia del árbol en uno o dos brotes vigorosos, en lugar de permitirle que produzca una gavilla de ramitas, asimismo, un yogui, al controlar los poderes mentales disipados y concentrar toda la energía en un punto, deteniendo por el momento la diversa actividad de la mente, desarrolla un poder que brinda maravillosos resultados en cada línea de su trabajo. El control de la atención mediante la fuerza de voluntad es llamado concentración, en sánscrito Dharana. La perfecta concentración trae un control supremo sobre los fenómenos externos e internos. Este tipo de concentración superior es descrita por Patanjali, en el tercer capítulo de sus "Aforismo en Raja-Yoga". Dharana o concentración, se produce cuando la mente, siendo refrenada de adoptar diversas formas, se fija en algún objeto, ya sea en el cuerpo o fuera de él, y se mantiene en ese estado. Si, mediante la práctica gradual, podemos controlar las modificaciones de la materia mental, como las sensaciones, las pasiones, los deseos, etc., y hacer converger toda la energía mental hacia un punto, ese proceso se llama Dharana, o concentración. El resultado de dicha concentración variará según la naturaleza del objeto hacia el cual se dirige la energía mental concentrada. Las principales ayudas para obtener los mejores resultados de la concentración son:

(1) Correcta discriminación del objeto de concentración.

(2) Comprensión clara y definida de lo que se desea adquirir.

(3) Confianza en uno mismo.

(4) Firme determinación, un propósito establecido y perseverancia.

Disraeli dijo:

Tras una larga meditación, he llegado a la convicción de que un ser humano con un propósito establecido debe lograrlo, y que nada puede resistirse a una voluntad que pondrá en juego incluso la existencia en el cumplimiento de sus fines.

Según un yogui, una mente firme, decidida y determinada, con un propósito establecido, logrará los mejores resultados de concentración en el menor tiempo posible.

El mayor logro del ser humano es comprender los misterios de su propio ser: conocerse a sí mismo. Por lo tanto, un verdadero yogui no se preocupa de concentrar su mente en la búsqueda del placer, como hacen las personas mundanas. Ni siquiera gasta su energía mental tratando de evitar las cosas que pueden parecer desagradables durante un corto tiempo. No desvía sus poderes mentales fijando su atención en los males de otras personas, ni tampoco los concentra para obtener fines egoístas perjudicando a otros, como lo hacen los fideicomisos y los monopolios del mundo civilizado; tampoco practica la magia negra. Un verdadero yogui nunca concentra su mente en la fantasía de la riqueza y las vanas ambiciones terrenales. De acuerdo con un yogui, este tipo de concentración mal dirigida desperdicia esa energía que debe almacenarse en gran medida antes de poder obtener el resultado más elevado de la concentración en la vida espiritual. Todos estos objetos mundanos no son más que obstáculos en el camino del progreso espiritual. Pocas personas en este mundo pueden comprender por qué estas cosas obstruyen el camino del desarrollo espiritual. Pero un verdadero yogui es aquel que puede discriminar la verdad de la falsedad, lo real de lo irreal, el espíritu de la materia. Un verdadero yogui no desea malgastar su energía ganando simples cosas transitorias. Quiere alcanzar el ideal más elevado de la vida; por eso, centra sus pensamientos en la Verdad Suprema o en la realidad absoluta del universo, y el resultado de esta concentración es Samadhi o el estado mental superconsciente más elevado y tranquilo donde solo es posible la comunión divina o la realización de la unidad con Dios en el plano espiritual.

Los psicólogos hindúes han clasificado la actividad mental en cinco estados diferentes:

(1) Kshipta;
(2) Mudha;
(3) Vikshipta;
(4) Ekagra;
(5) Niruddha.

El primero significa "disperso", es decir, siempre activo, el tipo de mente que trabaja constantemente y nunca descansa. En este estado, toda la mente se precipita como un elefante enloquecido en cualquier dirección que elija. Vagabundea aquí y allá sin ningún objetivo ni propósito y no puede ser puesta bajo control. Los que se encuentran en tal estado mental ni siquiera intentan detener esta actividad sin propósito, porque creen que es su estado normal y que todos los demás estados son anormales, insanos o enfermos. Temen hundirse en la indiferencia o perder su individualidad si alguien les dice que reduzcan la tremenda velocidad con la que está funcionando la máquina de su mente y se les aconseja descansar un poco. Piensan que el descanso significa el sueño o la muerte.

El segundo es Mudha, que significa "torpe y confuso". A esta clase pertenecen las personas aburridas, perezosas, inactivas y torpes. En este estado el intelecto, el entendimiento y la razón están envueltos, por así decirlo, en la oscuridad de la ignorancia. Estos dos son los dos estados extremos de actividad e inactividad de la mente.

El tercer estado se llama Vikshipta, es decir, a veces activo y a veces apagado.

El cuarto estado, Ekagra, significa "un-punto" o, en otras palabras, concentrado.

El quinto estado mental, conocido como Niruddha, es ese estado de concentración bien controlada, en el cual toda la actividad involuntaria está sometida y la mente, trascendiendo sus limitaciones habituales, alcanza el estado supraconsciente de Samadhi, el estado de consciencia de Dios.

Los tres primeros estados se encuentran en las personas comunes y ninguno de ellos es de ayuda en la vida espiritual. Solo los dos últimos favorecen el crecimiento espiritual.

En el cuarto estado, es decir, cuando toda la mente está concentrada o en "un punto", podemos darnos cuenta de la verdadera naturaleza de las cosas; todas las dolorosas modificaciones de la mente se vuelven cada vez menores; todos los nudos de deseos por las cosas mundanas y los placeres de los sentidos se sueltan y dejan de perturbar la paz mental. Este estado mental conduce gradualmente a la consecución del quinto estado, cuando llega el control perfecto sobre la mente. Por lo tanto, los que aspiran a la perfección espiritual deben esforzarse por alcanzar estos dos últimos estados.

Cuando se alcanza el quinto estado de concentración, o supraconsciente, se manifiesta la verdadera naturaleza del conocedor o el Espíritu (Atman en Sánscrito). Sin embargo, otras veces el conocedor aparece como identificado con las modificaciones de la sustancia mental. A veces el conocedor se identifica con los impulsos, buenos o malos, otras con las emociones, las sensaciones dolorosas o placenteras, o con los cambios del cuerpo denso y sus enfermedades. Esta identificación del Espíritu (o Atman) con los cambios de la mente y el cuerpo es la causa de nuestra esclavitud, miseria y sufrimiento. Cuando el conocedor de la miseria y la tristeza se identifican con ellos, él aparece como miserable y triste; pero, en realidad, el conocedor es siempre distinto y separado del objeto conocido.

Por ejemplo, cuando una bola de hierro se calienta en un horno, aparece roja y caliente. Una persona que la mire, ignorantemente, la confundirá fácilmente con fuego. El intelecto, la mente y el cuerpo pueden compararse con la bola de hierro y la inteligencia con el fuego. El intelecto, la mente y el cuerpo, al ser calentados o iluminados por el fuego de la inteligencia, que es la verdadera naturaleza del Espíritu o Atman, aparecen ante el ignorante como inteligentes. Por error, los cambios de la mente y el cuerpo se identifican con la fuente pura e inmutable de la inteligencia. Así como podemos conocer la verdadera naturaleza de la "bola de hierro" separándola del fuego, también podemos conocer la verdadera naturaleza de la "bola de hierro" de la mente, cuando estamos en el estado de Samadhi separamos el fuego de la inteligencia. Entonces nos damos cuenta de que, al igual que la bola de hierro, es oscura y muerta en sí misma y que solamente cuando está iluminada por la inteligencia pura, o Atman, brilla en aparente vida.

Podemos ilustrar esto de otra manera. Cuando se coloca un objeto de color brillante cerca de un pedazo de cristal puro y transparente, todo el cristal está tan impregnado con el color arrojado sobre él, que solo un observador cercano puede detectar que en sí mismo el cristal puro no tiene color. Del mismo modo, la verdadera naturaleza del Atman, o Espíritu, está cubierta por la luz reflejada de las modificaciones constantemente cambiantes de la materia mental, tales como pensamientos, sentimientos, pasiones, deseos, etc., hasta que el "cristal" puro de Atman parece tener estas modificaciones en sí mismo. Solo la capacidad de discernir correctamente lo real de lo aparente puede permitirnos descubrir la verdad en ambos casos.

Si por un momento alguien puede liberar su verdadero Ser de los cambiantes reflejos de las actividades mentales, en ese instante reconocerá a Atman, o Espíritu, y dejará de cometer más errores. Ya no se identificará con los diversos cambios en su mente y su cuerpo. La concentración y la meditación son los únicos procesos por los cuales se puede alcanzar esta realización.

Existen varios métodos para desarrollar el poder de concentración. Esos métodos deben aprenderse de hábiles maestros espirituales quienes los hayan practicado durante mucho tiempo y cuyas vidas sean puras, castas y libre de manchas. Uno puede aprender fácilmente algunos de los métodos de raja yoga o de cualquier otro libro sobre la práctica del yoga, pero sin la ayuda de un maestro competente nadie debe comenzar a practicarlos. El poder de concentración puede adquirirse únicamente mediante procesos mentales o mediante procesos físico-mentales.

El proceso mental comienza con la fijación de la mente en determinados puntos, sensaciones o sentimientos. Supongamos que intentas concentrar tu atención en tu dedo meñique. En ese momento tendrás que sentir solo tu dedo meñique, tendrás que reunir, por así decirlo, todos los poderes mentales que están dispersos por todo el cuerpo y convergerlos hacia tu dedo meñique. Si surge algún otro pensamiento o idea en la mente, no debes dejar que tu atención se distraiga con ello, ni la dejes vagar en ninguna otra dirección. Después de practicar durante unos días, notarás que has adquirido cierto poder para controlar tu atención y dirigirla hacia un objeto. Cuando hayas alcanzado plenamente este control sobre tu poder de atención voluntaria, podrás concentrar toda tu mente en cualquier objeto, ya sea externo o interno, concreto o abstracto, material o espiritual. En el momento de la concentración perfecta notarás que el ritmo de la respiración cambiará y que gradualmente se volverá cada vez más lento, tal vez casi cese por el momento. Un inteligente y experimentado pensador francés, Dr. Lewes, dijo:

> Adquirir el poder de la atención es aprender a hacer que nuestros ajustes mentales se alternen con los movimientos rítmicos de la respiración.

El movimiento de los pulmones tiene una relación muy íntima con la actividad de la mente. Si controlamos la actividad de la mente, también podemos controlar el movimiento de los pulmones; y a la inversa, si se controla el movimiento de los pulmones, la mente también se pondrá bajo control más fácilmente. Además, cuando el movimiento de los pulmones está bajo perfecto control, cada órgano, más aún, cada partícula del cuerpo es puesta bajo el control del Espíritu o Atman.

Por lo tanto, cuando el control supremo sobre la atención es adquirido mediante un esfuerzo voluntario, uno puede fijar su atención en cualquier parte del cuerpo y experimentar sensaciones extrañas y fenómenos maravillosos. Es un hecho bien conocido que uno puede sentir fácilmente el dolor en cualquier parte del cuerpo fijando fuertemente su atención allí. Mediante un proceso análogo, uno puede deshacerse del dolor en el cuerpo. Los sanadores mentales de nuestros días están familiarizados con tales fenómenos, aunque muchos de ellos no logran comprender el razonamiento de sus curas.

Las enfermedades se pueden curar fijando la atención en la parte enferma y enviando una corriente de pensamiento opuesta. Este método se ha convertido hoy en día en una práctica muy común entre los Científicos Cristianos y los sanadores mentales, bajo una variedad de nombres. Pero hay que recordar una cosa, y es que cada individuo está dotado de este tipo de poder curativo. Nadie puede darte ese poder. Es uno de los poderes naturales de la mente humana. Es mejor sanarse a uno mismo que ser sanado por alguna otra mente. No dejes que tu mente sea controlada por ninguna otra mente. Las personas que acuden a los sanadores mentales o científicos cristianos en busca de ayuda y que se dejan influir por las mentes de otros, no se dan cuenta de que al permitirse caer bajo el poder hipnótico de una mente más fuerte están caminando por un sendero que conduce a la degeneración mental. Se conocen muchos casos en los que las mentes se han degenerado hasta convertirse en esclavas de otras mentes, perdiendo todo poder de autocontrol. ¡Qué lamentable es la condición mental de esos autoengañados que andan buscando la ayuda de otras mentes! Porque un yogui comprende perfectamente este peligro, nunca se deja influir por otra mente. Mediante la práctica constante, despliega los poderes superiores que están latentes en su propia alma. Un verdadero yogui es dueño de sí mismo. No conoce a ningún otro maestro. Su mente, sus sentidos y su cuerpo obedecen sus órdenes. Un verdadero yogui comprende todas las fuerzas más sutiles y las leyes que las gobiernan. Este correcto entendimiento y el correcto conocimiento de la verdadera naturaleza del alma, Atman o Espíritu, son los resultados del poder adquirido por la perfecta concentración.

La concentración conduce a la meditación. La meditación significa el flujo continuo o ininterrumpido de una corriente de pensamiento hacia un ideal fijo. Después de obtener el control de la mente mediante la práctica de la concentración, si podemos conseguir que la corriente de pensamiento fluya en una dirección durante un tiempo determinado, habremos alcanzado el poder de la meditación. En este estado la mente no es distraída por el ruido externo ni por ninguna modificación desagradable de Chitta.

Los objetos de la meditación variarán con los ideales individuales de las personas que la practican. Para el desarrollo espiritual, el ideal de la unidad del Atman, o espíritu individual, con Brahman, o Espíritu universal, será uno de los mejores temas sobre los cuales meditar. Ideas tales como:

"Yo Soy espíritu más allá del cuerpo y de los sentidos, y por encima de la mente".

"Yo Soy uno con el Espíritu Universal".

"Yo y mi Padre somos Uno".

Estas serán de gran ayuda para aquellos que desean alcanzar rápidamente el objetivo más elevado de todas las religiones. Primero repítelo oralmente, luego mentalmente. Concentra tu mente en el verdadero significado y medita sobre ello. Deja que la misma corriente de pensamiento fluya sin ninguna interrupción o distracción, solo entonces será una verdadera meditación. Si tu mente es distraída por cualquier otro pensamiento o idea, o por una perturbación externa, firmemente trae tu atención de regreso al ideal elegido. Si surge algún mal pensamiento en la mente, supéralo despertando un buen pensamiento. Si surge la envidia o los celos, se debe utilizar el sentimiento de amabilidad para contrarrestarlos. Hay que cultivar el sentimiento de amor para vencer el odio, y practicar el perdón para superar el sentimiento de venganza.

De este modo, vencerás todos los pensamientos negativos y perjudiciales por sus opuestos. Después de practicar regularmente la meditación durante media hora cada día, notarás, al cabo de un mes, que toda tu naturaleza ha cambiado y que tu mente se ha vuelto pacífica. Los que nunca han probado la meditación la encontrarán muy difícil al principio, porque el viejo hábito de permitir una actividad irregular en la mente perturbará todos los intentos del principiante. Diversos pensamientos e ideas que nunca has albergado conscientemente surgirán espontáneamente del plano subconsciente y mostrarán la tremenda fuerza que tienen. El principiante tiene que dominar lenta y cautelosamente estos pensamientos obstructivos. No debe prestarles ninguna atención. Debe esforzarse por evitar que su mente se distraiga de la línea de pensamiento que ha decidido seguir. Surgirán diversos elementos perturbadores, que jugarán durante un breve tiempo en el plano consciente y, si no se les presta atención, desaparecerán. Por el contrario, si se les presta un poco de atención, se harán más fuertes, tomarán la forma de un impulso y obligarán a toda la mente a seguir otra dirección. Por lo tanto, en lugar de seguir esos pensamientos e ideas no deseados, debe aferrarse al ideal.

Ningún sabio, ya sea Buda o Cristo, ningún santo, ya sea del pasado o del presente, ha encontrado la paz sin practicar la meditación. Es el camino que conduce a la obtención de la perfecta tranquilidad de la mente.

Pasamos toda nuestra valiosa vida ganando dinero, comiendo, bebiendo y haciendo cosas que aportan un poco de comodidad al cuerpo o un poco de placer a la mente. Pero no pensamos ni por un momento en la valiosa oportunidad que estamos perdiendo. Buscamos alimento para el cuerpo, pero nunca buscamos el alimento para el alma. Alimenta tu alma con la Verdad eterna que se manifiesta al alma purificada, con ese néctar y dicha que solo se pueden obtener a través de la práctica de la meditación. Haz de la meditación una parte de la rutina diaria de tu vida. Busca la compañía de un desinteresado amante de la humanidad, sigue sus instrucciones lo más cuidadosamente posible. Manteniendo este ideal ante tu mente, avanza a través del camino de la meditación, luchando contra los enemigos de la atención vacilante y la mente rebelde como un valiente soldado, como un verdadero héroe, y no te detengas hasta que alcances la meta; al final serás el conquistador del universo y el reino de Dios será tuyo. Al obtener el poder de la meditación, disfrutarás de la felicidad suprema entrando en el estado de Samadhi, el estado de conciencia de Dios.

III

CONCIENCIA DE DIOS

Como bien dijo Ralph Waldo Emerson, el mayor poeta-filósofo que ha tenido América: "El ser humano es la fachada de un templo en el que habitan toda la sabiduría y todo el bien". Lo que comúnmente llamamos ser humano, el que come, bebe, siembra y cuenta, no se representa a sí mismo, tal como lo conocemos, sino que se tergiversa. A él no lo admiramos, pero el alma de la cual es órgano, si dejara que se manifestara a través de sus acciones, haría que se doblaran nuestras rodillas. El ser individual que come, bebe, siembra, cuenta, es limitado e imperfecto, y es lo que llamamos el ser "aparente", pero el ser real es libre y omnisciente, divino y siempre feliz. El alma de cada individuo es un centro de ese círculo cuya circunferencia no está en ninguna parte, pero cuyo centro está en todas partes.

Ese círculo es llamado Espíritu universal. Es la fuente de la sabiduría infinita, de todo el conocimiento, toda la verdad, toda la ciencia, toda la filosofía, el arte, la belleza y el amor. Este círculo ilimitado de sabiduría infinita es el fondo real de cada individuo aparente. Sin saber que el río eterno de sabiduría fluye constantemente dentro de él, el ser aparente busca aquí y allá, y lucha por una gota de conocimiento para saciar su sed intelectual, como el necio, que, de pie en la orilla de un caudaloso río, cava un pozo para saciar su sed. Nosotros no sabemos lo sabios y buenos que somos en realidad. Se necesita mucho tiempo para descubrir que toda la sabiduría y toda la bondad habitan en cada alma individual. Ahora estamos buscando sabiduría desde el exterior, porque por error pensamos que vendrá desde afuera. Los grandes sabios, profetas y sabios del pasado fueron aquellos que conocieron el secreto de desbloquear esa puerta que impide el flujo de ese inagotable río de sabiduría que fluye constantemente detrás de cada ego individual. Cuando el Ser omnisciente comienza a manifestar sus poderes superiores, el ser aparente es llamado un inspirado vidente de la verdad. Entonces comprende su naturaleza divina, deja de vivir como un animal y alcanza el estado de conciencia de Dios, que es la meta más alta del desarrollo espiritual. En ese momento es verdaderamente religioso y alcanza la meta de todas las religiones. Todas las religiones son como otros tantos intentos de la mente humana por elevarse por encima del plano animal, por ir más allá de los sentidos y conocer la realidad, en definitiva, por alcanzar el estado de conciencia de Dios.

En la India, desde el período védico hasta el presente, este logro de la perfección espiritual o la Conciencia de Dios ha sido considerada como la más alta aspiración y el fin más sublime de la humanidad. La verdadera religión comienza cuando el alma humana alcanza la realización de esta conciencia Divina, y no hasta entonces. Aquel que alcanza este estado no busca nada fuera de sí mismo. Encuentra toda la sabiduría dentro de su propia alma. Entre los hindúes, desde los tiempos más antiguos, el logro de la conciencia de Dios ha sido el tema de ricos y pobres, de reyes y mendigos, de santos y pecadores. Por este logro, muchos reyes y príncipes renunciaron a sus tronos y sacrificaron sus riquezas, su nombre, su fama, sus comodidades, sus lujos, en fin, todo lo que les era más querido. Todas las nobles cualidades que adornan el carácter de los sabios y hacen que una persona sea piadosa en esta vida no son más que el resultado de los intentos por alcanzar la conciencia de Dios. ¿Hay algo más ennoblecedor, más sublime, más divino, que la incomparable pureza de corazón, la serena sencillez infantil, la noble abnegación y el amor desinteresado por todo lo que se manifiesta en el carácter de quien es consciente de su naturaleza divina? No. Tales caracteres son las luces del faro que siempre están derramando sus rayos de guía en nuestro arduo camino y nos hacen señas para que nos dirijamos al refugio de la realización. Ellos son los grandes líderes de la humanidad, gobiernan a millones de personas. Son manifestaciones de Dios en la tierra. Son adorados por la gran mayoría de la humanidad como las encarnaciones de Dios. Expresaron en sus vidas el objetivo último de todas las religiones.

La persona común o aparente se autoengaña y es ciega a la Verdad, es imperfecta y limitada en todos los sentidos, y no tiene carácter espiritual, ya que sólo se rige por el interés propio. Todos sabemos que ahora vivimos una vida más o menos egoísta y actuamos con limitaciones, que no somos exactamente lo que deseamos ser. En los momentos de calma de nuestra vida, a veces nos miramos a nosotros mismos y sentimos que nuestras almas, como las águilas, son libres por naturaleza y capaces de remontarse al espacio infinito, pero ahora están encadenadas por el egoísmo y confinadas en las jaulas de los burdos cuerpos humanos. En esos momentos nos damos cuenta de nuestra esclavitud y buscamos la libertad. Anhelando volar hacia el espacio infinito de la dicha eterna, luchamos con ahínco para romper nuestras cadenas, para derribar las barreras que nos confinan y para conquistar todos los entornos que nos mantienen en la esclavitud.

Cada alma individual nace para combatir la naturaleza y sus leyes. Nuestra vida consiste en el constante esfuerzo del alma por superar las limitaciones impuestas por ella. Las fuerzas de la naturaleza intentan arrastrar al alma en una dirección, mientras que las fuerzas interiores la impulsan a resistir y a elevarse por encima de ellas. El alma no quiere seguirlas, como un esclavo. Lucha por someter a la naturaleza y dominar sus leyes. Esta lucha es la causa del progreso tanto social como espiritual de la humanidad. Una persona que no sabe cómo luchar contra la naturaleza y cómo ganar la victoria sobre sus leyes, sino que, por el contrario, la sigue ciegamente, es un ser incivilizado, es un salvaje y está al nivel de los animales inferiores. La verdadera civilización significa que el alma humana conquista la naturaleza. Toda la historia de la humanidad enseña este hecho. Si estudiamos la naturaleza externa encontramos que la naturaleza nos dice:

—"Obedece mis leyes y órdenes"

—Somos tus amos, tú debes obedecer" —decimos nosotros.

La naturaleza física nos dice que vayamos desnudos y vivamos en cuevas o bosques, como los animales, sin ningún abrigo encima, pero nosotros decimos: "No, tendremos ropa y refugio adecuado", y los obtenemos. La naturaleza los destruiría, pero nosotros los protegemos con nuestra fuerza y nos preservamos del calor y del frío y de los cambios de clima, con los que la naturaleza nos haría la existencia imposible, y al final triunfamos. ¿Cómo lo conseguimos? Estudiando la naturaleza y sus leyes, y utilizando sus fuerzas de tal manera que la hagamos obedecer nuestras órdenes.

Sabemos lo tremendamente poderosas que son las fuerzas de la naturaleza —la electricidad, el vapor, etc.— pero manejamos todas estas gigantescas fuerzas de la naturaleza y hacemos que nos sirvan. Esta victoria del ser humano sobre la naturaleza física se debe a esos poderes superiores que están latentes en el alma. Los poderes que vencen a la naturaleza no son más que la inteligencia y la voluntad que posee el ser humano. Lo que vence es más elevado que lo que se vence. Por tanto, la naturaleza física es más débil que los poderes de la inteligencia y la voluntad.

Del mismo modo, si estudiamos la naturaleza interna, allí también encontramos una lucha constante entre la mente superior y la inferior, entre la inteligencia superior y la inferior, entre la fuerza de voluntad superior y la inferior, entre el ser espiritual, real o divino y el ser aparente o animal. La mente inferior, la inteligencia inferior, la voluntad inferior, el ser aparente o animal es el que obedece a las necesidades físicas y sensoriales del cuerpo, como un esclavo obedece a un amo. La mente superior, la inteligencia superior, la voluntad superior, lo espiritual, lo real o lo divino en el ser humano es lo que intenta conquistar y someter la naturaleza inferior y dominarla. Por supuesto, no encontramos esta lucha en los animales inferiores, ni en aquellos que viven como ellos. Cuando comienza esta lucha, ya no somos puramente animales, sino que somos humanos o morales. Sin embargo, ser humano o moral, no es ser perfectamente espiritual. Hacemos una distinción entre los planos moral y espiritual. El plano moral es la etapa intermedia. El individuo moral es en parte animal y en parte espiritual. En un ser moral hay una constante lucha entre la naturaleza animal y la espiritual. El ser moral se esfuerza por vencer al animal que hay en él, luchando contra él, y vigilando constantemente su mente para evitar que la naturaleza inferior o animal extienda su influencia sobre él. Un ser moral, en la medida de lo posible, debe esforzarse por evitar la tentación, porque aún no es lo suficientemente fuerte como para superar su influencia. Su esfuerzo debe consistir en elevarse al plano superior, que está más allá de la tentación. Esta lucha solo cesará cuando la naturaleza animal haya sido completamente conquistada y el ser moral se haya convertido en verdaderamente espiritual o divino. Cuando se haya alcanzado esa etapa, no habrá lugar para las tentaciones. Mientras el individuo lucha con la naturaleza animal, es ético; pero cuando la ha superado por completo, es espiritual. El ser moral puede verse tentado por las atracciones animales, pero el ser verdaderamente espiritual está muy por encima de todas las tentaciones, está más allá del alcance de las tendencias inferiores y de las propensiones animales que perturban al ser moral.

 En un ser verdaderamente espiritual toda la lucha de este tipo ha cesado para siempre. Entonces el verdadero espíritu, o la naturaleza divina en el ser humano, reina en su propia gloria y aparece como el sol autorresplandeciente por encima de las nubes del egoísmo y las imperfecciones. Los ángeles o los poderes superiores personificados del verdadero Espíritu, e incluso, el mundo entero, se inclina ante el victorioso vencedor y soberano de la naturaleza. Ese es el estado que fue alcanzado por Buda y por Cristo. El príncipe Gautama o Shakyamuni se convirtió en el Buda y Jesús de Nazaret se convirtió en el Cristo cuando cada uno alcanzó este estado de Conciencia de Dios.

Quien alcanza esa realización se vuelve perfecto y se libera del egoísmo y de todas las demás imperfecciones. Solo el ser humano puede alcanzar tal estado de conciencia de Dios. Los animales inferiores y los que viven como ellos deben evolucionar primero al plano humano o moral, antes de que puedan siquiera intentar alcanzar el estado de conciencia de Dios. A medida que la naturaleza animal evoluciona hacia el plano moral o humano, el poder de alcanzar este estado se desarrolla gradualmente y el ego individual entra en las diferentes etapas del desarrollo espiritual. Cuando alcanza el punto final, es consciente de su naturaleza divina. Ese punto es el clímax del desarrollo espiritual del ego aparente. Es el estado de eterna dicha y perfección.

No podemos pensar en otro estado más elevado que el de la conciencia de Dios, porque en este estado el alma comulga con la Divinidad y se une a la Fuente Infinita de amor, sabiduría e inteligencia. El alma individual, o el "yo", se convierte en uno con el Padre en el cielo, o el Espíritu Infinito. ¿Puedes imaginar algún estado más elevado que el de la unión del alma individual y el Espíritu universal? De este modo, vemos que hay tres etapas principales por las que pasa el ego aparente antes de alcanzar la conciencia de Dios. En primer lugar, la naturaleza animal, que debe ser superada por la naturaleza humana o moral; en segundo lugar, la naturaleza moral, que a su vez debe desarrollarse en la naturaleza espiritual. Cuando una persona está en el plano animal es extremadamente egoísta, atada por los deseos, esclava de las pasiones y de los placeres de los sentidos, los cuales no tienen ninguna restricción; no tiene ninguna pureza, ninguna norma moral de vida ni de honestidad. Su ideal más elevado es la comodidad de su cuerpo y aborrece las cosas espirituales, pensando que es una pérdida de tiempo y energía incluso oír hablar de su naturaleza espiritual, o hablar de ella en absoluto. Pero cuando alguien así se despierta de este profundo sueño de ignorancia y autoengaño, ya sea de forma natural o con la ayuda de un santo Gurú o maestro espiritual, comienza a buscar la vida moral. Éste es el estado de despertar del alma. Es la etapa del principiante en el camino de la conciencia de Dios. Entonces trata de vivir una vida moral y virtuosa, y comienza a examinar su propia naturaleza, trata de conocer sus propios defectos y debilidades, y una vez descubiertos se esfuerza por corregirlos. Este es el estado de purificación del alma, y es la segunda etapa del desarrollo espiritual. En Sánscrito se llama Sadhaka, o el estado neófito. Un neófito debe esforzarse por conquistar su naturaleza y, mediante el control de todos sus hábitos, superar la tremenda fuerza que ejerce la naturaleza animal. Si no sabe cómo hacer esto, debe seguir las instrucciones de alguien que sepa, o de alguien que haya alcanzado el estado de la conciencia de Dios. No debe olvidar su ideal en su vida cotidiana y debe tratar de estar siempre en guardia contra la tentación. Especialmente debe recordar que uno no puede conocer la verdad más elevada a menos que él mismo sea veraz. La verdad no puede obtenerse mediante la falsedad. La verdad debe obtenerse con la verdad. Si no somos veraces, no estamos preparados para alcanzar ese estado. Así pues, un neófito debe tratar de ser veraz en cada palabra y acción, porque en la medida en que falle en esto, no alcanzará la Verdad eterna.

Cuatro cosas son absolutamente necesarias para la purificación del corazón y para conquistar la naturaleza animal:

(1) El autocontrol, que incluye el control de los sentidos y el control de la mente mediante la práctica de la concentración.
(2) La veracidad.
(3) El amor desinteresado hacia todos.
(4) Las acciones desinteresadas.
En uno de los Upanishads, leemos:

No alcanzará la perfección espiritual quien no haya dejado de seguir los caminos malvados, quien no haya sometido sus sentidos, quien no haya controlado su mente mediante la concentración y quien no sea veraz y amable con todos.

Estas líneas contienen toda la ética y la esencia de todas las escrituras del mundo. El secreto del progreso espiritual radica en la práctica de estos cuatro.

Independientemente de que creamos en Dios o no, de que tengamos fe en algún profeta o no, si tenemos autocontrol, concentración, veracidad y amor desinteresado por todos, entonces estamos en el camino de la perfección espiritual. Por el contrario, si uno cree en Dios o en un credo y no posee estos cuatro, no es más espiritual que cualquier persona del mundo. De hecho, su creencia solo es verbal. Dondequiera que se manifiesten estas cualidades, debemos recordar que allí ha comenzado el desarrollo espiritual de los poderes del alma. Durante el proceso de evolución espiritual, los poderes de autocontrol, concentración, etc., que están latentes en cada alma, comienzan a desplegarse desde adentro y se manifiestan en los trabajos de la vida cotidiana.

Este mundo es una gran escuela, por así decirlo, en la que los egos individuales son los estudiantes y las diversas etapas de evolución espiritual en la vida del alma son los diferentes cursos. Cuando se termina un curso, el ego o el ser aparente, comienza otro. Si quiere estudiar un curso o lección una y otra vez, no hay nada que se lo impida. Puede continuar en este único curso durante años, es más, durante muchas encarnaciones, si su deseo no cambia. Pero en el momento en que se siente cansado de estudiar repetidamente el mismo curso, y ya no encuentra placer en él, busca naturalmente una clase superior y toma nuevas lecciones. Mientras un curso siga siendo atractivo e interesante, nos satisface y no sentimos la necesidad de otro; pero seguramente llegará el momento en que las lecciones de hoy perderán su encanto y nos parecerán aburridas, insípidas y monótonas. Entonces buscaremos algo más elevado, algo mejor y más atractivo. Esta búsqueda del ego de algo más elevado y mejor de lo que aún posee es la causa de su evolución espiritual.

La mayoría de la humanidad está tan cautivada por los objetos sensoriales que no pueden pensar en ningún ideal superior; se han debilitado tanto que no se dan cuenta de la condición esclava de su mente. Por eso, el Bhagavad Gita dice:

> Pocos entre miles de tales esclavos de las pasiones y los deseos buscan la libertad, mientras que otros se deleitan en la esclavitud; y pocos entre miles de tales buscadores de la libertad perseveran hasta alcanzar la emancipación del alma y la perfección espiritual.

Nadie puede obligar a otro a convertirse en espiritual haciéndole tragar, por así decirlo, la píldora de la espiritualidad. El desarrollo espiritual se produce por la evolución de la naturaleza interior del ser aparente. El deseo de conocer el espíritu debe surgir espontáneamente en la mente humana, y cuando ese deseo se haya vuelto lo suficientemente fuerte, llevará al individuo a discriminar el espíritu de la materia, lo eterno de lo no eterno, la verdad de lo falso. Esta discriminación es la tercera etapa del desarrollo espiritual. La verdadera discriminación conduce a la cuarta etapa del camino. Es el desapego, o el no apego a las cosas materiales y no eternas. En esta etapa, la riqueza, la propiedad y los placeres de los sentidos no tendrán ningún encanto, ninguna atracción para el alma que discrimina. Aunque el mundo entero sea sacudido hasta sus cimientos, no afectará al alma que haya alcanzado este estado. Una vez adquirido este estado, el neófito alcanza la quinta etapa, que es la de la iluminación.

En el curso de su progreso, pasa por muchas etapas intermedias, en las que experimenta muchos poderes maravillosos y se encuentra con muchas cosas extrañas y, a veces, atrayentes. Si permite que su mente sea atraída por alguno de esos poderes, entonces su progreso espiritual se detendrá allí. Los poderes psíquicos, como el poder de leer los pensamientos de los demás, de saber lo que ocurre a distancia, de predecir el futuro, de curar enfermedades, etc., todos los poderes que están latentes en todo ser humano vienen a tentar al estudiante y lo arrastran hacia abajo. Si los placeres sensoriales ordinarios son tan poderosamente atractivos, ¡cuánto más lo serán las nuevas y extrañas tentaciones a las que le expone la consecución de poderes mentales superiores! Sin embargo, el buscador de la perfección espiritual debe vencer cuidadosamente esas tentaciones o su búsqueda será en vano. Debe recordar la siguiente parábola del leñador y el sabio, y seguir hacia adelante, sin prestar atención a nada fuera del ideal que se ha propuesto, que es la realización de la conciencia de Dios.

«Un pobre leñador vivía en una aldea de la India, cerca de las afueras de un denso bosque. Se ganaba la vida y mantenía a su familia vendiendo la leña que recogía en el bosque. Se pasaba el día cortando ramas de los árboles, después de secarlas, las hacía un paquete. Al final del día llevaba el paquete al mercado y lo vendía por unos pocos centavos. Toda su familia dependía de esos pocos centavos para el sustento diario. El pobre hombre luchó de esta manera durante varios años. Un día, cuando salía del bosque doblado por el gran peso del paquete de leña que llevaba a la espalda, se encontró con un sabio de buen corazón. El sabio, viendo su miserable condición, le dijo:

—"Buen hombre, ¿por qué no avanzas hacia las profundidades del bosque?".

—El pobre leñador respondió: "Para qué, señor, tengo suficiente madera aquí; ¿de qué serviría ir más lejos en lo profundo del bosque?".

Una vez más, el sabio le instó a que se adentrara más en el bosque, y aconsejándole así, se marchó.

Después de su partida, las palabras del sabio volvieron a la mente del leñador y comenzaron a producir una profunda impresión. Al día siguiente, cuando llegó al lugar donde había visto al sabio, recordó las palabras del hombre santo y decidió hacer un experimento, por lo que se adentró en la parte más densa del bosque. Mientras avanzaba a través de la espesa maleza, preguntándose qué había querido decir el sabio con su consejo, de repente olió el dulce aroma del sándalo y, al mirar a su alrededor, se encontró cerca de un árbol de sándalo. Estaba muy contento. Agradeció mentalmente al sabio y, recolectando toda la madera de sándalo que pudo llevar, la llevó al mercado y vendió el paquete por un precio muy alto. Aquella noche tenía más dinero del que podría haber ganado en cinco años si hubiera seguido su trabajo habitual. Al día siguiente fue de nuevo al bosque, pero recordó el consejo del sabio y se dijo: "El sabio no me dijo nada sobre el sándalo; solo me dijo que siguiera adelante". Pensando así, el leñador abandonó el lugar donde había encontrado el sándalo y se adentró más en el bosque. Al final encontró una mina de cobre. Recogió todo el cobre que pudo llevar y consiguió mucho dinero vendiéndolo en el mercado. Al día siguiente, siguiendo el consejo del sabio, no se detuvo en la mina de cobre, sino que siguió adelante. Llegó a una mina de plata y se llevó grandes cantidades de plata que le hicieron muy rico. Pero no olvidó el consejo del sabio de seguir adelante. Siguió avanzando por el bosque, sin dejarse desviar por los numerosos y notables descubrimientos que hizo en su camino. Por fin, tras pasar por una mina de oro, llegó a una mina de diamantes y otras piedras preciosas. Sintiéndose seguro de que esto debía ser lo que el sabio pretendía que alcanzara, no buscó más, sino que cogió las joyas y, finalmente, se convirtió en el hombre más rico de aquella zona del país».

Algo similar ocurre con quien aspira a la perfección espiritual. El consejo de todos los grandes sabios para los buscadores de riqueza espiritual es que "sigan adelante" y no se detengan después de haber hecho un pequeño progreso, o después de poseer algunos de los poderes psíquicos. Engañados por el deseo de nombre y fama y por ambiciones de diversa índole, muchos confunden los poderes psíquicos con los dones espirituales y piensan que si pueden curar enfermedades por medios mentales, han alcanzado la perfección espiritual. El número de estos autoengañados traficantes de poderes sobrenaturales aumenta cada día en América, bajo diversos nombres. Si buscas la perfección espiritual y la conciencia de Dios, ten cuidado con las tentaciones que estos poderes psíquicos ofrecen a los incautos. Ninguno de estos poderes es el signo de la verdadera espiritualidad. Por ello, el buscador de la perfección espiritual debe superar con cuidado estos obstáculos en el camino de su avance espiritual.

Los que están apegados a estos poderes no alcanzarán la conciencia de Dios mientras dure ese apego. Mantienen al ser en el plano psíquico y lo engañan de tal manera que a menudo cesa su esfuerzo por elevarse más. Estos poderes son descritos por los sabios hindúes (yoguis) como tentaciones mucho más grandes y sutiles que las más burdas de un plano inferior. Debemos evitar cuidadosamente el anhelo de tales poderes. Deja que vengan si quieren, pero no los busques. Son simplemente las señales que marcan nuestro progreso, no son los objetivos más elevados que deben alcanzarse, ni tienen ningún valor real en sí mismos. Es mejor considerarlos simplemente como obstáculos a ser superados. No pueden producir ningún efecto perjudicial para quien no olvida su verdadero objetivo, sino que avanza con firmeza, decidido a alcanzar el ideal más elevado de la vida — la conciencia de Dios—, manteniendo constantemente este objetivo ante el ojo de su mente.

Después de vencer la tentación de los poderes psíquicos, el verdadero buscador de la conciencia de Dios alcanza la quinta etapa de desarrollo espiritual. Su ojo espiritual gradualmente se abre, comienza a ver destellos de la verdad superior, sabe que el alma está separada del cuerpo; comprende lo que es el cuerpo sutil; sabe si el alma se reencarna o no y si el alma existía antes de su nacimiento; todas estas interrogantes se resuelven en este estado de iluminación. Encuentra explicaciones de todo, tanto físicas como mentales, y descubre la verdadera relación del alma con Dios.

Una vez alcanzada esta iluminación, el alma se eleva a un plano aún más elevado de desarrollo espiritual. Es la sexta etapa, la de la perfecta iluminación espiritual. Entonces se ha alcanzado la meta, e incluso en esta vida, esa alma ha encontrado la dicha eterna en la conciencia de Dios. Esto es llamado con varios nombres por diferentes filósofos y sabios de diferentes países. En sánscrito se llama Samadhi; los budistas lo llaman Nirvana, que significa el cese del sufrimiento, el dolor, el egoísmo y todas las demás imperfecciones, y el logro de la bienaventuranza. No es un estado de la nada, como algunas personas creen, sino el logro de la perfección. Los místicos cristianos de la Edad Media lo describían como éxtasis, y los cristianos modernos lo llaman estado de comunión con Dios. El nombre puede variar, pero el estado en sí parece ser el mismo en todos los casos. Este estado es el ideal de todas las religiones del mundo. Entre los cristianos, los mahometanos, los budistas, los hindúes y otros, los buscadores de la Verdad luchan con todas sus fuerzas por alcanzar este estado de realización supraconsciente. Jesús se convirtió en el Cristo tras alcanzarla, y Shakyamuni se convirtió en el Buda o el Iluminado. Ramakrishna, el gran sabio del siglo XIX en la India, alcanzó esa etapa y ahora es adorado por miles de personas como una encarnación de Dios sobre la tierra. Todos los grandes sabios y profetas lo describen como el logro más elevado. En esta etapa, el río del Yo superior, el Ser Real, fluye con una fuerza tremenda hacia el océano de la Divinidad y nada puede resistir el curso de esa corriente.

El alma de cada individuo intenta constantemente manifestar su Divinidad o verdadera naturaleza; y sus intentos se cumplen perfectamente cuando se alcanza la sexta etapa. En este estado de realización se resuelven todos los problemas de la vida y la muerte, cesan para siempre todas las dudas de la mente y se responden todas las preguntas. En este estado se ve la unidad subyacente de todo el panorama de los fenómenos y el alma individual trasciende entonces todos los fenómenos y sus leyes.

Cuando tal persona se despierta del estado superconsciente y desciende al plano de la conciencia ordinaria, toda su naturaleza se transforma, manifiesta la Divinidad en cada acción de su vida y ve la misma Divinidad en el sol, la luna, las estrellas, en su propio Ser y en todas partes del universo. Pone en sus ojos nuevos lentes, coloreados, por así decirlo, con el tinte del Espíritu divino y dondequiera que mire, ve a través de ellos la manifestación de la divinidad y que todo existe en Dios. Muchos filósofos han alcanzado este estado. Plotino, el neoplatónico que vivió dos siglos después de Cristo, lo alcanzó cuatro veces en su vida. Algunas personas tienen miedo de perder su individualidad. Pero nunca podemos perder nuestra individualidad. Plotino, después de alcanzar este estado, dijo a su amigo Flaccus, que en él realizamos el infinito. Quizás preguntes, ¿cómo puedes conocer el infinito? Yo respondo que no por medio de la razón. El oficio de la razón es distinguir y definir. El infinito no puede ser clasificado entre sus objetos. Solo puedes aprehender el infinito por una facultad superior a la razón, entrando en un estado en el que ya no eres tu ser finito, en el que se te comunica la esencia divina. Esto es el éxtasis. Es la liberación de tu mente de sus ansiedades finitas. Lo semejante solo aprehende lo semejante. Cuando dejas de ser finito, te conviertes en uno con lo infinito. En la reducción de tu alma a su ser más simple, su esencia divina, realizas esta unión, más aún, esta identidad. Porfirio alcanzó este estado supraconsciente cuando tenía sesenta y seis años. Dionisio, quien vivió en el siglo V, lo llamó el estado de la unión mística o cuando el alma está unida a Dios. El gran místico cristiano Meister Eckhart, quien vivió en el siglo XIV, describió la naturaleza de este estado de conciencia de Dios de la siguiente manera:

> Debe haber una perfecta quietud en el alma antes de que Dios pueda susurrar su palabra en ella, antes de que la luz de Dios pueda brillar en el alma y transformar el alma en Dios. Cuando las pasiones se aquietan y todos los deseos mundanos son silenciados, entonces la palabra de Dios puede ser escuchada en el Alma.

La idea es que son necesarias la calma mental y la atención concentrada, si queremos escuchar la palabra divina ¿Cómo podemos esperar escuchar esa voz Divina en nuestro interior si nuestra mente está perturbada por tristezas, deseos y preocupaciones? Tenemos que liberar nuestras mentes de todo eso por el momento. En ese estado de paz viene la revelación, y la revelación o inspiración significa la revelación del Espíritu superior dentro de nosotros. Cuando llega esa revelación, entonces comprendemos la naturaleza de ese "Desconocido e Incognoscible", como lo llama la ciencia moderna. Entonces se vuelve conocido y conocible, no por la mente finita, sino por el Espíritu omnisciente.

El que no ha alcanzado este estado de conciencia de Dios tropezará cientos de veces antes de poder comprender su significado. Quizá diga: "¿Cómo es posible que lo creado sea uno con el Creador?" O tal vez dirá: "¿Acaso alguien que es pecador de nacimiento puede llegar a ese estado?". Algunos dirán que es el estado de la nada. Horacio Dresser, el Sr. Savage y algunos otros, lo consideran como un estado de inconsciencia. En cierta ocasión, un ilustre profesor me dijo una vez que no existe el estado superconsciente. A estas personas no se les puede convencer con argumentos o palabras, necesitan experimentarlo en su propia alma.

Todos los grandes Videntes de la Verdad han dicho que existe tal estado. No es un trance, ni una catalepsia, ni un estado de sueño hipnótico. En ese estado superconsciente toda la naturaleza se transforma. Aquel que lo ha alcanzado ya no vive como lo hacía antes; está iluminado y su rostro está radiante con la gloria Divina. Su visión se convierte en visión espiritual. Puede que antes haya sido dualista y haya creído que Dios estaba fuera del universo, pero ahora ve a Dios en todas partes. Muriendo al egoísmo, ve la omnipresente voluntad divina trabajando en el universo, y ya no piensa más en su voluntad como algo separado de la voluntad universal. El que ha alcanzado la perfección espiritual es aquel que, habiendo rendido su propia voluntad a la voluntad divina universal, se mantiene tranquilo como una hoja que ha caído de un árbol. Cuando sopla el viento, la hoja muerta es movida y llevada de un lugar a otro; de la misma manera, cuando el ser verdaderamente espiritual ha muerto al egoísmo y permanece tranquilo, el viento de la voluntad eterna de Dios mueve su mente y su cuerpo. La mente y el cuerpo de tal persona se convierten en el instrumento y el patio de juegos de la voluntad del Todopoderoso. Esta es la séptima y última etapa del desarrollo espiritual. En sánscrito se llama Mukti, la salvación en esta vida. El alma ahora se ha convertido en un Cristo o en un Buda. Ambas palabras significan el estado espiritual más elevado de la conciencia de Dios, y no de una persona en particular.

Si se afirma que es imposible alcanzar tal estado, entonces ¿cómo puede hacerse la afirmación de que Jesús, el Cristo, fue consciente de su naturaleza divina? Él es el fundamento sobre el cual se ha construido la estructura del cristianismo, y mostró evidencias de la superconsciencia o la conciencia de Dios. Algunas personas pueden rechazar este estado y llamar a esa enseñanza misticismo. Si se trata de un estado místico, entonces Jesús fue un gran místico, porque era consciente de su naturaleza divina, y su religión se basa en el misticismo. Si Jesús alcanzó esa conciencia de Dios, entonces cada individuo puede hacerlo; él no fue una excepción, como algunos pueden pensar. De hecho, cada uno de nosotros está destinado a alcanzar ese estado. Nadie se perderá.

Hay varios caminos a través de los cuales se puede obtener esa conciencia de Dios. Si hacemos de la conciencia de Dios el ideal más elevado de la vida, mantenemos nuestras mentes abiertas a la verdad y no seguimos ciegamente ninguna enseñanza, sino que utilizamos nuestro sentido común y nuestra razón, entonces la sinceridad y la dedicación, guiadas por el ejercicio adecuado de la razón y la búsqueda sincera de la verdad, bajo la dirección de un maestro verdaderamente espiritual, nos conducirán con seguridad a través de todas estas etapas hasta el estado de conciencia de Dios y de perfección espiritual.

Si deseas alcanzar ese estado en esta vida y vivir como un maestro en el plano espiritual, y no como un esclavo de los placeres de los sentidos, tendrás primero que controlar la naturaleza animal mediante la naturaleza superior. La naturaleza superior ya está dentro de ti. Reconócela. Controla tu mente inferior y tus pasiones por el momento, entonces podrás vivir en el plano espiritual como maestro sobre los placeres de los sentidos. Si no puedes vivir una vida así, busca la compañía de aquellos quienes son sus propios amos. A través de la asociación su vida se reflejará en la tuya.

Puedes decir: "¿Dónde encontraremos tales personalidades?" Si te resulta difícil encontrar una personalidad así, toma un ideal de vida y sigue ese ideal e intenta llegar a ser como él. Si tienes fe en Jesucristo, mantén ese ideal ante tu mente. Toma su vida como modelo e intenta vivir a su altura. No escuches la explicación de nadie sobre tu ideal. Desecha toda teología, dogma, superstición y el esquema de salvación formulado por los sacerdotes, e intenta vivir como vivió Jesús. Todas las explicaciones vendrán a ti desde el interior. Si no puedes hacer eso, sin embargo, crees en Dios y en la oración, entonces adora a Dios y pídele esta conciencia de Dios. Tu oración se cumplirá.

Si no crees en Dios ni en la oración, y no te interesa seguir la vida de Jesús, tu camino será completamente diferente al del creyente. Aun así, no te desesperes, hay otros caminos. No es necesario que creas en Dios, ni que adores a Cristo. Busca la Verdad y trata de comprender la realidad inmutable del universo; de discriminar lo cambiante de lo inmutable, lo espiritual de lo material. El poder de discriminación ya existe en tu alma. No necesitas ir a mendigar el conocimiento correcto. Abre tu ojo mental y mira qué es el espíritu, qué es la materia; y si esta vida es el resultado del azar o de ley. Si no puedes discriminar de esta manera, esfuérzate por saber quién eres y qué eres, y cuál es tu relación con el universo. Si crees que esto no es fácil, entonces realiza obras desinteresadas, trabaja por el bien del trabajo, sin pensar en los resultados. Cuando trabajes en tu vida diaria, piensa que estás pagando tus deudas, por así decirlo, y no trabajando para ganar nada. Cumple con tu deber de la mejor manera posible y no te preocupes por los resultados. Si esto parece ser difícil, entonces intenta amar a todas las criaturas vivientes como te amas a ti mismo. Si crees que no puedes hacer esto fácilmente y con éxito, intenta concentrar tu mente en tu naturaleza superior, o toma una palabra sagrada o una idea sagrada y medita en ella.

Existen cientos de maneras por las cuales uno puede alcanzar la conciencia de Dios y la perfección espiritual. Hay tantos caminos hacia la verdad como individuos que la buscan. Esta es la peculiaridad de las enseñanzas de la filosofía Vedanta, no ofrece un único método y luego condena todos los demás. Dice que cada individuo debe adecuarse a sí mismo según las facultades, tendencias y capacidades del ego individual. El camino que es bueno para un individuo puede no serlo para otro. Tenemos que empezar desde donde estamos ahora. Cada uno de nosotros se encuentra en una determinada etapa o peldaño de la escalera de la evolución. Así pues, cada uno debe tomar el camino adecuado a su naturaleza y seguirlo con sinceridad, y no debe dejar que su mente se confunda con las opiniones de otras personas. Debemos utilizar nuestro propio poder de razonamiento y el sentido común, que es el mejor sentido que tenemos. Entonces, la luz de la iluminación espiritual surgirá gradualmente en el horizonte de nuestras almas y podremos ver las cosas tal y como son.

Por el contrario, si nos guiamos por las opiniones de los demás, no vamos a ganar mucho. Hay miles de predicadores, filósofos, ministros y sacerdotes en el mundo; cada uno de ellos intenta inculcar en la mente de sus oyentes que su camino es el mejor y el único camino correcto. Ahora bien, ¿quién decidirá cuál es el correcto? No podemos decidir sobre lo más elevado hasta que no alcancemos lo más elevado, porque nuestra decisión siempre depende de ciertos estándares, que también están sujetos a cambios. Aquello que parece ser lo más elevado hoy puede no parecerlo mañana. Solamente el individuo que ha alcanzado el nivel de vida más elevado puede decir cuál es el más alto y el mejor en realidad. Sin embargo, todos los grandes sabios del mundo, aunque hayan vivido en diferentes épocas y en diferentes países, son unánimes en declarar que el estado de conciencia de Dios es el más elevado. Cada vez que lo describen son unánimes en su descripción. Las declaraciones de Cristo, Buda y Krishna, de Plotino, Eckhart, Ramakrishna, etc., no tienen diferencias materiales. Todos ellos enseñan que hay un objetivo universal para todos los buscadores de la verdad, y que esa meta es el logro de la conciencia de Dios. Es el ideal más elevado de todas las religiones. No importa si pertenecemos a esta denominación o a aquella secta. La espiritualidad nunca puede ser confinada dentro de ninguna secta, credo o denominación, ni puede ser limitada por ninguna religión organizada. Depende enteramente de la evolución de la naturaleza interior del ser aparente.

La religión que no la enseña, que no dice que la conciencia de Dios es para cada individuo, independientemente de su casta, credo o nacionalidad, no es digna de llamarse religión. Tales religiones son artificiales y, en consecuencia, inútiles. Vedanta no es un sistema seco de filosofía especulativa, como algunos piensan, sino que su ideal es hacer que cada alma individual alcance el estado de perfección espiritual; poner a cada alma cara a cara con la Verdad eterna. De acuerdo con Vedanta, cada alma, tarde o temprano, alcanzará el estado de conciencia de Dios, por el proceso de evolución espiritual. "Incluso si el mayor pecador, que ha pecado durante cien encarnaciones, puede realizar su naturaleza divina aunque sea durante medio segundo, se verá libre de todos los pecados, será puro, perfecto y piadoso en esta vida. Todo aquel que alcanza el estado de Samadhi, o conciencia de Dios, se convierte en uno con Dios".

Sabiduría de Ayer, para los Tiempos de Hoy

www.wisdomcollection.com

www.ingramcontent.com/pod-product-compliance
Lightning Source LLC
Chambersburg PA
CBHW031608040426
42452CB00006B/451